AF476661

RELATIONS

ENTRE

LA FRANCE & LA RÉGENCE D'ALGER

AU XVIIe SIÈCLE

PREMIÈRE PARTIE

LES DEUX CANONS DE SIMON DANSA

(1606-1628)

PAR

H.-D. DE GRAMMONT

ALGER

ADOLPHE JOURDAN, LIBRAIRE-ÉDITEUR

4, PLACE DU GOUVERNEMENT, 4

1879

RELATIONS

ENTRE

LA FRANCE ET LA RÉGENCE D'ALGER

AU XVIIe SIÈCLE

RELATIONS

ENTRE

LA FRANCE & LA RÉGENCE D'ALGER

AU XVIIe SIÈCLE

PREMIÈRE PARTIE

LES DEUX CANONS DE SIMON DANSA

(1606-1628)

PAR

H.-D. DE GRAMMONT

ALGER
ADOLPHE JOURDAN, LIBRAIRE-ÉDITEUR
4, PLACE DU GOUVERNEMENT, 4

1879

RELATIONS

ENTRE

LA FRANCE & LA RÉGENCE D'ALGER

AU XVIIe SIÈCLE

PREMIÈRE PARTIE

LES DEUX CANONS DE SIMON DANSA
(1606-1628)

L'histoire des rapports entre la France et la Régence d'Alger nous montre une suite presque non interrompue de ruptures et de réconciliations, dont il a été difficile de se rendre jusqu'ici un compte bien exact, à cause de la rareté des documents qui ont été mis en lumière. Il est même résulté de cette pénurie, que la plupart des historiens ne se sont pas donné la peine de rechercher les véritables causes des événements, et ont rejeté tous les torts sur les Pachas, en incriminant leur cupidité ou leurs caprices despotiques. Nous estimons qu'il y a quelque chose à rectifier dans de telles appréciations, et qu'une étude consciencieuse des faits arrivera le plus souvent à nous démontrer le contraire. Nous verrons que, presque toujours, les motifs des infractions étaient réels et les griefs fondés, bien qu'il soit juste d'ajouter que le Divan profitait avec empressement de tous les prétextes qui lui étaient offerts, pour rompre la paix. Cette façon d'agir était, en quelque sorte, nécessitée par l'organisation intérieure d'Alger, qu'il est indispensable d'exposer brièvement ici, pour faire bien comprendre de quelle manière elle réagissait sur la politique extérieure.

Le gouvernement de l'Odjeac avait été fondé uniquement pour porter le Djehad (guerre sainte) sur la mer. C'est ainsi qu'il était né, c'est par là qu'il avait grandi. Et, lorsque Kheïr-ed-Din, après avoir enlevé le Peñon aux Espagnols, avait creusé et fortifié le port de Djezaïr, il n'avait pas cherché à atteindre un autre but que celui d'en faire la place d'armes et le point de refuge des corsaires de l'Islam ; en un mot, c'était une Malte musulmane qu'il avait voulu créer, et plus d'un écrivain (1) a déjà fait remarquer les nombreuses analogies qu'on rencontre dans la constitution de ces deux républiques guerrières. Le frère d'Aroudj n'avait que trop bien réussi, et la petite bourgade des Beni-Mez'ranna s'était transformée en une puissance redoutable et était devenue, suivant l'expression d'Haëdo, une plaie vive attachée aux flancs de la chrétienté. En moins de cinquante ans, le commerce et la navigation de l'Espagne sur la Méditerranée avaient été presque complétement anéantis ; ses côtes, ravagées par des descentes continuelles, étaient devenues inhabitables. Il en était de même de la plus grande partie de celles de l'Italie, de la Sardaigne, de la Corse et de la Sicile. Enfin, presque toutes les places enlevées jadis aux Barbaresques avaient été reconquises, et les successeurs de Charles-Quint prévoyaient avec inquiétude le moment où une nouvelle invasion des Maures d'Afrique viendrait rallumer le feu de la révolte au milieu de populations mal soumises et converties seulement en apparence (2).

---

(1) Voir Sander Rang et Ferdinand Denis *(Histoire de la fondation de la Régence d'Alger)*. Paris, 1837, 2 vol. in-8° (tome II, p. 117, etc.).

(2) Il serait temps d'en finir à ce sujet avec les doléances sentimentales d'une certaine école historique, sur ce qu'elle appelle *l'odieuse et barbare expulsion des Mores d'Espagne*. Ce qui doit étonner, c'est qu'on se soit résigné à supporter pendant plus de cent ans, malgré l'avis du grand Ximénès, la présence d'un million de Morisques, en état de conspiration permanente à l'intérieur et à l'extérieur, et qui mirent, à plusieurs reprises, le pays qui les tolérait à deux doigts de sa perte. On oublie probablement que, sans la bataille de Lépante, Euldj Ali débarquait 60,000 hommes à Valence, et que, sans le cou-

Seule, de toutes les nations chrétiennes, la France avait peu souffert de cet état de choses. Depuis le jour où François Ier s'était vu forcé de rechercher l'alliance de la Turquie pour y trouver un point d'appui contre son puissant rival, les sujets du Roi Très-Chrétien avaient été traités en amis sur tous les rivages musulmans, et, à la faveur de cette paix qui ne respectait que le pavillon fleurdelysé et lui assurait le monopole de la sécurité, le commerce de la Provence avec le Levant s'était développé dans des proportions considérables. Lorsque des infractions fortuites venaient à se produire, les réclamations de nos ambassadeurs à Constantinople ne tardaient pas à les suivre et à en obtenir justice; et l'on peut s'assurer, par l'étude de notre diplomatie (1), de l'aide efficace qui nous était prêtée par le Grand Divan, lorsqu'il se passait des faits de ce genre. Plus d'un des Pachas d'Alger paya de la perte de ses dignités, de celle de sa liberté ou de sa vie elle-même, le peu de soin qu'il mit à faire observer les injonctions formelles des Sultans, transmises par les Chaouchs de la Porte, à la suite des plaintes de nos souverains. Ce fut ainsi que les choses se passèrent pendant presque toute la durée du XVIe siècle, c'est-à-dire pendant toute la période où l'autorité du Grand Seigneur ne fut pas méconnue à Alger.

La population de cette ville n'avait pas cessé de s'accroître, et, comme elle ne se livrait à aucune industrie et à aucun commerce, elle ne vivait que des produits de la piraterie. Les armements étaient devenus des sortes de commandites, dans lesquelles tout le monde était plus ou moins intéressé; et ceux-là même que leur pauvreté avait empêché d'y engager un capital quelconque,

---

teau de Ravaillac, le duc de Caumont-Laforce franchissait les Pyrénées à la faveur d'une révolte dès longtemps préparée. Cette mesure ne fut donc qu'une nécessité publique de premier ordre, et, au lieu d'accuser les grands hommes d'État, qui surent se résigner à temps à une amputation indispensable, on ferait mieux, croyons-nous, de chercher là une leçon et, peut-être, un exemple à suivre.

(1) Voir Charrière *(Documents inédits, Négociations de la France dans le Levant)*, tomes I, p. 210; — II, p. 181, 214, 548, 659, 779; — III, p. 251, 552, 718, 787, 820, 906, 929; — IV, p. 123, 231, 499, 654. — (Voir encore le *Voyage de M. de Brèves)*.

attendaient avec impatience l'arrivée d'une prise pour spéculer sur la vente des esclaves ou sur celle des menus objets qui étaient mis aux enchères. Aussi, lorsque la course restait infructueuse, la gêne se faisait d'abord sentir, puis la misère, puis la famine. Le Trésor public, privé de son principal aliment, ne pouvait bientôt plus suffire à la paie de la milice. Alors la révolte éclatait et ne se terminait le plus souvent que par la mort du Pacha. Aussi longtemps que les navires et les provinces maritimes des ennemis de la Turquie offrirent une proie fructueuse, ce danger principal fut écarté, et les Reïs purent se contenter du butin qu'il leur était permis de prendre. Mais lorsqu'un pillage séculaire eut réduit à rien le trafic Italien et Espagnol, et rejeté dans l'intérieur les habitants terrifiés du littoral, lorsque, en un mot, il ne resta plus à attaquer que les vaisseaux et les côtes de France, les infractions aux traités se multiplièrent de jour en jour. Les Gouverneurs envoyés par la Porte essayèrent de sévir ; mais le parti des Reïs, appuyé sur la populace, se mit en insurrection ouverte, et les força de céder ou de partir (1). Les Pachas se trouvaient donc placés dans cette cruelle alternative, de risquer sans cesse leur tête, s'ils voulaient résister aux exigences des Algériens, ou de la perdre presqu'à coup sûr, lors de leur retour à Constantinople, où ils se trouvaient en butte aux justes récriminations de nos Ambassadeurs. On conçoit dès lors aisément qu'ils profitassent avidement des moindres prétextes qui pouvaient leur être offerts pour déclarer la guerre en conservant le droit de leur côté. C'est ce qui arriva lors de la rupture qui fut occasionnée par l'épisode dont nous allons faire le récit.

Dans les premières années du XVIIe siècle, un capitaine flamand, nommé Simon Dansa (2), vint s'établir à Marseille, où il

(1) On peut citer, entre autres, Djafar (1582), Ahmed (1589), Chaban et Mustapha (1595). — (Charrière, *Documents inédits*, tome III, p. 886, et Haëdo, *Epitome de los Reyes de Argel*).

(2) Le Père Dan, qui parle de Dansa à plusieurs reprises *(Histoire de Barbarie et de ses corsaires*. Paris, 1637, in-4°*)*, le nomme Danser et Dancer ; mais les lettres de Marseille où il était marié et bien connu, le nomment Dansa, aussi bien que celles du Père Coton, qui fit, comme nous le verrons, des démarches pour lui faire obtenir sa grâce.

se maria. Vers l'année 1606, il s'en fut à Alger avec son vaisseau et son équipage, et se mit à faire la course sous la bannière étoilée (1). Ces volontaires de la piraterie n'étaient pas aussi rares qu'on pourrait le croire, et plus d'un aventurier se laissait tenter par l'espoir de faire une fortune rapide. A cette même époque, et pour ne parler que des plus célèbres, on citait les Anglais Edwart et Uver, le Rochellois Soliman qui mourut plus tard chevalier de Malte, et le Reïs Sansson qui faisait son port de refuge tantôt d'Alger, tantôt de Tunis ou de Tripoli. Parmi tous ces corsaires fameux, Dansa ne tarda pas à se faire un nom par son audace et le bonheur de ses entreprises. En moins de trois ans, il s'empara d'une quarantaine de vaisseaux, et sa popularité devint immense parmi les Algériens qui l'avaient surnommé ***Dali-Capitan*** (2). Il leur apprit à se servir des vaisseaux ronds ou de haut-bord ; car, jusqu'à cette époque, la course s'était faite uniquement avec des galères ou des galiotes légères, excellentes sur la Méditerranée et par un beau temps, mais qui ne pouvaient pas affronter l'Océan. Or, comme nous l'avons dit précédemment, le terrain s'épuisait de plus en plus, et il était bien tentant d'aller croiser à l'embouchure du détroit de Gibraltar, au cap Vert ou aux Açores, sur le chemin des riches galions qui revenaient des Indes. Aussi les leçons du capitaine flamand ne furent pas perdues, et ce fut grâce à elles que les Algériens purent, quelques années plus tard, pousser aussi loin leurs expéditions aventureuses et aller enlever des captifs jusque dans les glaces de l'Islande (3). On comprend aisément qu'un homme qui se rendait aussi utile, fût choyé et vivement sollicité de s'établir définitivement dans un pays où on lui offrait tous les honneurs

---

(1) La bannière algérienne était verte, semée d'étoiles sans nombre, et quelquefois de demi-lunes et de croissants.

(2) *Le Capitaine Diable*, d'après le Père Dan *(Histoire de Barbarie*, p. 274).

(3) En 1627, Come Morat alla ravager l'Islande avec trois vaisseaux, et en ramena 400 prisonniers (le Père Dan, Laugier de Tassy, etc.). D'Aranda vit quelques-uns de ces malheureux au bagne d'Ali Bitchin, où il était renfermé lui-même. (*Relation de la captivité de d'Aranda*, Bruxelles, 1862, in-12).

qu'il eût pu envier. Mais, en dépit de toutes les tentations dont il fut entouré, Dansa ne voulut pas se faire musulman, soit que sa conscience y répugnât d'une manière absolue, soit qu'il eût, dès cette époque, l'intention de se rapatrier et qu'il craignît de se créer une difficulté de plus. En tous cas, il est certain que, dès le commencement de l'année 1609, il faisait auprès de la Cour de France des démarches pour obtenir le pardon des fautes qu'il avait commises ; il annonçait qu'il avait le dessein de se retirer à Marseille où était la famille de sa femme, et demandait à quelles conditions il y serait reçu avec l'oubli du passé. Il eut l'heureuse fortune que ses lettres arrivassent à la Cour au moment même où on avait besoin de son intervention, ce qui facilita singulièrement la réussite de ses désirs.

Le 14 décembre 1608, il avait capturé, entre les îles Baléares et Valence, un navire espagnol qui portait, entre autres passagers, dix religieux de la Compagnie de Jésus (1) : deux Pères, cinq scolastiques et trois novices, qui furent, arrivés à Alger, vendus aux enchères, suivant la coutume, sur la place du Badestan, et tombèrent en partage à différents maîtres. Ils firent connaître leur sort au Père Ponce, Provincial d'Aragon, qui s'empressa d'écrire au Père Coton, confesseur de Henri IV, pour le prier de solliciter le Roi en faveur des malheureux captifs. Mais le Père Coton, déjà informé de l'événement par une autre voie, n'avait pas perdu de temps pour agir, ainsi que le prouve sa lettre du 15 mars 1609, adressée au Père Armand, et dans laquelle on trouve le passage suivant :

« Dix de nos Pères ont été pris, venant des îles Baléares, en » Espagne, par Simon Dansa, corsaire Hollandais, marié à Mar» seille. Le Roy s'employe pour leur délivrance, et, nonobstant » quelques amertumes, il ne laisse pas de priser et chérir la » Compagnie, etc. »

---

(1) J'ai trouvé les renseignements relatifs à cette négociation en faveur des Jésuites captifs, dans l'ouvrage intitulé : *Recherches historiques et critiques sur la Compagnie de Jésus en France, du temps du P. Coton*, par le P. Prat (Lyon, 1876, grand in-8°).

En effet, Henri IV avait écrit à son Ambassadenr auprès de la Porte, pour lui ordonner de négocier la mise en liberté des prisonniers ; en même temps il les recommandait à Messieurs de Vias, alors consuls de France à Alger, et les invitait à faire tout ce qui était en leur pouvoir pour adoucir le sort de ces infortunés. La lettre suivante (1), écrite par l'un d'eux, le Père Planès, au Provincial d'Aragon, nous prouve que les consuls se firent un devoir sacré d'obéir aux injonctions du Roi :

« Le P. Bayllo (2) a envoyé à V. R. une complète relation de nos malheurs et des suites de notre captivité ; je me bornerai donc à vous dire que nous jouissons d'une bonne santé, que tous s'efforcent de se conserver dans la ferveur, et qu'ils emploient, pour cela, aux termes de nos règles, les moyens que nous propose et nous fournit la Compagnie (3). De plus, nous avons fait la rénovation de nos vœux dans la chapelle des consuls de France, qui ont pour nous des bontés paternelles. Le P. Coton, peu content de leur écrire, leur a fait adresser par le Roi de France, par le président du Conseil, par le gouverneur de Marseille, des lettres de recommandation en notre faveur ; et c'est pourquoi ils s'occupent de nos affaires avec plus de sollicitude que des leurs ; en tout et toujours, ils se montrent pour nous des pères. Nous l'avons éprouvé encore ces derniers jours. Notre patron, pour obtenir de nous de l'argent, nous fit jeter dans une prison, chargés de chaînes pesantes. Nous y restâmes trois jours. Dès que les Consuls le surent, ils vinrent nous visiter et parler à notre patron ; ne pouvant rien lui ordonner, ils lui dirent que nous ne pouvions disposer d'un denier ; que nos supérieurs seuls avaient cette faculté. — Messieurs, leur répondit

---

(1) Lettre d'Alger, du 2 juin 1609, traduite de l'autographe espagnol. — (Missives de la Bibliothèque de l'Académie d'histoire de Madrid. Papiers provenant de l'ancien collége de Valence). — Nous avons cru devoir publier cette lettre qui se rapporte directement à notre récit, et qui constitue un document curieux de l'histoire de l'esclavage à Alger.

(2) Le P. Bayllo était un des captifs.

(3) C'est-à-dire, l'usage fréquent des sacrements.

notre patron, en lui montrant le P. Bayllo, en voilà un qui est provincial et le premier de toute sa religion. — A ces mots, nous partîmes d'un éclat de rire. Ce pauvre homme est un grand enfant : il croit tout ce qu'on lui dit. On lui avait fait croire d'abord que le Père était chanoine ; puis, qu'il était grand d'Espagne, etc. Les consuls lui firent entendre qu'il ne gagnerait rien à nous tenir dans les fers, parce qu'il nous faisait souffrir, et que la souffrance était pour nous un objet de désir et d'ambition. — Ainsi, ajoutèrent-ils, cela ne t'avancera guère. Au contraire, si tu continues à les faire souffrir, ils mourront ; tu perdras tout ce que tu peux espérer, et eux iront au repos du ciel. — Par ces arguments il parvint à persuader Hamet, notre patron, de nous délivrer de nos chaînes et de la prison (1).... »

Ce fut précisément au cours de ces négociations que la lettre dans laquelle le corsaire demandait son pardon parvint à la Cour. Aussitôt, dit le P. Coton (1), Sa Majesté Très-Chrétienne, toujours portée à favoriser la Compagnie, ordonna au chancelier et à M. de Villeroy de répondre que Dansa serait reçu à Marseille, à condition qu'il rendrait, sains et saufs, à leur Ordre les religieux qu'il avait emmenés captifs à Alger ; et, en même temps, il fit écrire dans ce sens à Dansa lui-même et au premier président du Parlement d'Aix, médiateur entre la Cour et le pirate. Celui-ci s'empressa de saisir la branche de salut qui lui était offerte : il fit racheter à la hâte et sans bruit, à leurs différents possesseurs, les prisonniers qui devaient lui servir à lui-même de rançon ; il lui en coûta vingt-sept mille livres. Cela fait, il feignit d'armer son vaisseau pour aller en course comme d'habitude, se dirigea droit vers Marseille, y fit sa soumission, et reçut son pardon plein et entier, ainsi qu'il lui avait été promis. Il dut s'applaudir de sa résolution en voyant entrer, quelques jours après, dans le port M. de Beaulieu qui terminait son heureuse croisière en ramenant prisonnier le célèbre corsaire anglais Bonel, qui avait piraté comme Dansa sous le pavillon

---

(1) Lettre de Fontainebleau, le 1er mai 1609, adressée au Père Ponce, provincial d'Aragon. (Pour la provenance, voir p. 11, note 1).

Algérien, et qui eut la tête tranchée, quelques jours après le débarquement.

En abandonnant pour toujours son ancienne profession, Dansa n'en avait pas perdu tous les instincts : car, non content d'emporter avec lui les richesses que lui avaient valu ses courses heureuses, il commit un dernier larcin en s'appropriant deux canons de bronze que le Beylik lui avait prêtés pour l'armement de son vaisseau. Ayant entièrement renoncé à la navigation, toute cette artillerie lui devenait inutile ; de plus, il éprouvait le besoin, tout pardonné qu'il était, de se créer des protecteurs puissants, en vue des haines qu'il avait pu amasser contre lui et des réclamations qui pouvaient se produire dans l'avenir. Il fit donc hommage de ces deux canons au duc de Guise, alors Gouverneur de la Provence pour le Roi ; celui-ci les accepta et les fit placer sur sa galère Capitane.

La fuite du corsaire avait causé un vif mécontentement à Alger, et le rapt des canons y excita une indignation générale. Le Divan demanda qu'ils lui fussent immédiatement rendus et que le coupable fût châtié, faisant de cette revendication un *casus belli*. Bien que les griefs des Algériens fussent fondés en cette circonstance, puisqu'il s'agissait d'un vol de matériel de guerre commis par un sujet d'une nation amie et avec laquelle on était lié par des traités réguliers, on n'y prêta pas d'abord une très-grande attention. D'ailleurs, la mort de Henri IV, qui survint quelque temps après, et les troubles qui la suivirent, ne laissèrent guère le loisir de s'occuper d'une affaire qui, à ses débuts, paraissait aussi futile. Elle fut pourtant la cause première d'une rupture qui devait durer près de vingt ans et coûter des millions à notre commerce.

Les hostilités commencèrent tout de suite, et les Reïs, heureux de pouvoir tomber sur une riche proie sans avoir à craindre les vengeances de la Porte et les réclamations des consuls, déployèrent une activité inouïe. Le nombre des navires de course s'accrut dans des proportions considérables, et tout le monde voulut s'intéresser dans une affaire aussi fructueuse (1).

(1) Les navires de course étaient très-souvent construits et équipés

Les femmes elles-mêmes s'en mêlèrent et vendirent leurs bijoux pour acquérir le droit de participer au butin (1). Jamais Alger ne fut plus riche, plus brillant et plus animé qu'à cette époque où, dans un seul jour, il entrait quelquefois quatre ou cinq prises dans le port; jamais, en même temps, la milice et la population n'y furent plus tumultueuses, comme si le désordre eût été une des conditions nécessaires à la prospérité de ce singulier peuple. Ce ne sont pas seulement les Ambassadeurs et les Consuls Européens (2) qui sont frappés par ce spectacle de turbulence et d'anarchie; les envoyés du Grand Seigneur ne peuvent pas eux-mêmes contenir les manifestations de leur surprise indignée. Les Pachas impuissants ne gouvernent plus et n'osent même pas entrer au Divan sans en avoir reçu la permission (3). On destitue trois Aghas, le même jour, devant M. de Brèves, uniquement parce qu'ils ont déclaré avoir l'intention d'obéir aux ordres du Sultan (4). En réalité, ce sont les Reïs qui gouvernent et qui imposent leurs volontés: ils ont constitué la terrible *Taïffe* (5) qui reconnaît pour chef l'un d'entre eux, et qui siége dans le bas de la ville, au milieu de la population maritime qui, ne vivant que par eux, leur est toute dévouée. C'est de là que, pendant plus de cinquante ans, les Mami-Armant, Morat-Reïs, Ali-Ara-

---

à frais communs par plusieurs personnes, qui partageaient ensuite, au prorata de leur mise, la part de butin dévolue par les usages à l'armateur (Voir Haëdo, le Père Dan, Laugier de Tassy, etc.).

(1) « Si ces gens se jettent sur le Levant, comme ils y font déjà » dessein, Marseille peut dire à bon escient adieu au négoce; car, » aux quarante vaisseaux qu'on avait armés, on y ajoute les quinze » ci-dessus. Qui ne voit tant de forces ne le peut croire; même que » jusques aux femmes vendent ses joyaux pour fournir aux arme- » ments. » (Lettre de M. Ancelme aux consuls et gouverneurs de Marseille, d'Alger, le 16 décembre 1617. — Archives de la Chambre de commerce de Marseille, AA, 507).

(2) *Voyage de M. de Brèves* (passim).

(3) Le Père Dan (*Histoire de Barbarie et de ses corsaires*, p. 113).

(4) *Voyage de M. de Brèves.*

(5) *Taïffa* signifie parti ou fraction; nos consuls désignent sous le nom de *Taïffe* la puissante association qui avait fini par s'emparer du pouvoir à Alger, grâce à la richesse et à l'audace de ses membres.

badji, Soliman-Reïs, Ali-Bitchnin, dicteront, tour à tour, des arrêts sans appel, dont l'exécution sera confiée à un mouvement populaire aussitôt accompli. C'est dans cet ouragan perpétuel que vivent nos Consuls, toujours en danger de perdre leur liberté et leur vie elle-même, et ce n'est pas trop de tout leur sang-froid et de toute leur intelligence pour arriver à obtenir quelques résultats utiles.

Fort heureusement pour le commerce Français, les Algériens furent eux-mêmes fort occupés pendant les premières années qui suivirent la rupture. En 1610, les Kabyles de Kouko se révoltèrent et arrivèrent en armes jusque dans la Mitidja qu'ils dévastèrent; le 17 août de la même année, les galères du grand duc de Toscane firent une poursuite acharnée aux navires Barbaresques et terminèrent leur croisière en s'emparant de la ville de Bresk (1), qui fut brûlée et ne se releva jamais de ses ruines. En 1612, Alger fut en proie à une horrible famine (2), suite d'une longue sécheresse, et dut même expulser par des moyens violents les Mores d'Espagne, qui y avaient cherché un refuge. En même temps, les galères de Gênes purgeaient la mer de quelques pirates, et Marseille qui avait armé à ses frais des bâtiments de guerre, les confiait au Commandeur de Vinciguerra, dont le nom fut bientôt connu et redouté sur les côtes d'Afrique. Malgré tout cela, le Père Dan constate que, cinq ans seulement après la rupture, les pertes s'élevaient déjà à plus de trois millions de francs, sans compter les esclaves. La situation devenait intolérable, et le Pacha, quelque bien disposé qu'il fût pour M. de Vias (3), ne répondait à ses réclamations que par la demande des

---

(1) Le *Brescar* de Marmol, liv. v, cap. xxxii. — Pour la prise de cette ville et sa destruction par les chevaliers de Saint-Étienne, voir le *Mercure François*, tome i, p. 527.

(2) *Mercure François*, tome iii, p. 14. — Voir encore le Père Dan (*Histoire de Barbarie et de ses corsaires*, p. 505).

(3) « C'est un vrai homme de bien, qui ne désire que affirmer et » assurer la paix, et affectionne étrangement notre nation et particu- » lièrement Marseille, etc. » (Lettre de M. de Vias à MM. les consuls et gouverneurs de Marseille ; Alger, le 23 mars 1617. — Archives de la Chambre de commerce de Marseille, AA, 460).

deux canons en litige et des prisonniers qui avaient été faits depuis le commencement des hostilités. Le commerce de Marseille, particulièrement intéressé à la cessation d'une guerre qui le ruinait, s'adressa au Roi qui ordonna la mise en liberté des Turcs de la chiourme des galères. Ces ordres ne purent naturellement être exécutés que pour ceux qui se trouvaient dans les ports. Un premier envoi (1) de quarante captifs, sous la conduite du frère de M. de Vias, fut fait au commencement de 1617 et (2) un autre le suivit de près. Le Divan ne se contenta pas de cette demi-satisfaction et continua ses réclamations, malgré l'avis du chaouch turc Hadji Mahmoud qui avait été envoyé à Marseille pour négocier la paix, et qui, trois mois après, écrivait au Pacha la lettre suivante :

Lettre de Hadji Mahmoud, député à Marseille, au Pacha d'Alger (3)

« MONSEIGNEUR,

« Après vous avoir écrit d'autres lettres par ci-devant, contenant même sujet des plaintes qui sont ici faites sur les mauvais traitements que recoivent ordinairement les Francois par les corsaires d'Alger, en telle manière que sommes honteux de les avisager, avec tant de compliments qu'ils nous font, mêmement ayant dernièrement envoyé plus de quarante Turcs, une partie d'iceux achetés pour la somme de trois mille écus, les ayant ici entretenus et habillés, envoyés en Alger sans que vous ayez daigné envoyer un seul chrétien ici, chose qui a été trouvée fort étrange ; en ayant ici encore plus d'un que, Dieu aidant, amènerons avec nous ; lesquels sont ici libres, entretenus avec nous ; chose fort étrange, ayant été ici envoyé pour la paix, comme avons fait que ces messieurs vous sont acquis en tout, ou n'y faut guère. Outre la tartane qui vint à travers en Languedoc,

(1) Lettre de M. de Vias du 23 mars 1617 (déjà citée, p. 15).

(2) Lettre de M. de Vias du 11 mai 1617 (Archives de la Chambre de commerce de Marseille, AA, 460).

(3) La date de cette lettre correspond au 28 avril 1617 (Archives de la Chambre de commerce de Marseille, AA, 507).

lesquels gens les ont tirés avec une bonne somme d'argent, est arrivée une autre tartane armée en Alger. Comme l'autre est venue poursuivie des galères de Gênes, se sont sauvés à terre; lesquels ont été amenés ici, nourris, entretenus avec les autres. Voilà des gens, pendables comme ceux-là, venant ici pour dérober, être ainsi doucement traités. Le capitaine général des galères de France a reçu une lettre de l'Empereur des Francois avec commandemens de s'en aller en Alger pour remontrer les doléances qu'il recoit de ses sujets, principalement sur une prise d'un vaisseau francois, riche de quinze mille écus, pris par cinq vaisseaux d'Alger. Monseigneur, faites que rien ne s'égare, tant marchandises que gens et autres choses appartenant audit vaisseau, car si on perd rien, ou vous, Monseigneur, ou bien le Divan faudra qu'il le paye. Chose fort étrange, après nous avoir envoyé ici, arriver de tels désordres. Il a aussi commandement ledit Seigneur général, en cas ne recevoir satisfaction, de s'en aller en Constantinople. Ce n'est plus le temps passé; il se faut résoudre de demeurer en honneur et devoir; en vérité sommes honteux d'entendre tels reproches. Dieu, par sa sainte grâce, Monseigneur, vous aide.

» Votre esclave Hadji Mahmout, au commencement de la lune Djoumad el Ouel, mil et vingt-six. »

Sur ces entrefaites, Mustapha avait été destitué et remplacé par Soliman Katanié (1). Ce fut donc ce Pacha qui reçut les envoyés de Marseille, MM. de Glandevès de Cujes et Bérengier, ainsi que les captifs Turcs qui devaient être échangés contre les Français détenus à Alger. Malheureusement les délégués trop confiants

---

(1) « De fait, bien que Mostapha Bassa se soit trouvé *Masoul* » (destitué) et Soliman de Cashagne Bassa, quoique intéressés au » change, attendu le bon courage qu'avait ledit Mostapha à l'endroit » de cette milice, etc. » (Lettre de M. de Vias à MM. les consuls et gouverneurs de Marseille, Alger le 7 octobre 1617. — Archives de la Chambre de commerce de Marseille, AA, 460). — Cette indication peut servir à rectifier plusieurs chronologies, qui donnent Hossein pour successeur direct à Mustapha.

laissèrent débarquer leurs otages sans les accompagner, et ceux-ci se donnèrent bien garde de reparaître ; le Divan profita de cette irrégularité pour soulever des difficultés et pour réclamer de nouveau les deux canons, sans la remise préalable desquels, disait-il, on ne pouvait pas traiter. Les deux Français, qui se voyaient dupés, ne surent pas contenir leur colère ; ils furent à l'instant même injuriés, expulsés du Divan, et leur vie fut un instant en danger ; c'est à peine s'ils eurent le temps de se rembarquer sains et saufs. En même temps, et séance tenante, la milice décréta tumultueusement une attaque contre le Bastion de France, que venait de réoccuper, au nom du duc de Guise, le baron d'Allemagne (1). L'expédition partit immédiatement, surprit la concession sans défense, égorgea une partie des soldats et des travailleurs, et ramena le reste en captivité (2). M. de Vias, depuis longtemps fatigué par l'âge, la maladie, et les souffrances endurées pendant les trois emprisonnements qu'il avait soufferts, ne put pas résister à ce dernier déboire ; il rentra en France, laissant sa charge à son vice-consul, M. Chaix, duquel il avait souvent fait, dans ses lettres (3), le plus grand éloge ; il se rendit à Paris, où il excita le Roi à se plaindre, à la Porte, de Soliman, assez mal disposé pour la France et toujours tremblant devant la milice (4). Les démarches de notre ambassadeur entraînèrent la révocation du Pacha et l'envoi à Alger d'un chaouch du Sultan, que nous aurons occasion de voir à l'œuvre plus tard. En même temps, le roi interdisait le commerce avec la Barbarie, ainsi que cela nous est prouvé par la pièce suivante, extraite des registres du Parlement de Provence :

---

(1) Jean-Louis du Mas de Castellane, baron d'Allemagne.

(2) *Histoire nouvelle du massacre des Turcs, fait en la ville de Marseille en Provence*, etc. (Lyon, 1620, p. 15). — Réédité par H.-D. de Grammont, avec avant-propos, notes et appendice (Paris et Bordeaux, 1879, in-12).

(3) Lettre d'Alger, du 7 octobre 1617, à MM. les consuls et gouverneurs de Marseille (Archives de la Chambre de commerce de Marseille, AA, 460).

(4) Id.

Arrêt Royal

(Extrait des registres du Parlement d'Aix)

« *Sur la requête présentée à la Cour par les consuls* et députés du commerce de la ville de Marseille, tendant aux fins pour les causes y soutenues, avoir la Vérification et Enregistration des Lettres patentes du Roy, portant interdiction et défense derechef à tous ses sujets de trafiquer aux royaumes d'Argier et Tripolli de Barbarie sous les peines y contenues ; *Vu* ladite requête du deuxième de mai mil six cent dix-huit ; Lesdites lettres patentes données à Paris le sixième de février dernier, signées Louis et sur le repli, *Par le Roy, comte de Provence, étant en son Conseil*, Phelipeaux ; — Scellées du grand sceau à double queue de cire jaune. Autre requête à mêmes fins conformes : du Procureur général du Roy ; tout considéré, *dict a été que la Cour*, ayant égard à ladite requête, a ordonné et ordonne que lesdites Lettres patentes seront enregistrées es registres d'icelles pour être gardées et observées selon leur forme et teneur. — *Publié* à la barre du Parlement de Provence, séant à Aix, le quinzième de mai mil six cent dix-huit.

» *Signé :* BRIENNE. »

Cependant les Kabyles, ne trouvant plus à commercer avec le Bastion abandonné, s'étaient insurgés, ainsi qu'ils le faisaient fatalement toutes les fois que cela arrivait (1). A la même époque, les Colourlis, las de l'oppression des Janissaires, se révoltaient dans Alger même et faisaient cause commune avec la garde kabyle qui y était entretenue depuis Hassan Pacha et qui fut presque entièrement supprimée à partir de cette époque, pour ne reparaître qu'un siècle et demi plus tard. Pour accroître

(1) Voir Dapper, page 164. — M. Féraud a très-justement démontré la nécessité presque absolue dans laquelle se trouvaient les Kabyles d'avoir recours à l'insurrection, toutes les fois que le gouvernement Turc forçait les Français à abandonner les concessions. (*Histoire de La Calle*, Alger, 1878, in-8° ; passim.)

encore les embarras de l'Odjeac, le comte d'Ossuna, vice-roi de Naples, et le Grand Duc de Toscane avaient mis leurs galères à la mer et faisaient subir aux corsaires des pertes cruelles (1). Toutes ces considérations, jointes aux actives démarches de M. Chaix et au bon vouloir de l'envoyé de la Porte, Soliman Chaouch, décidèrent les Algériens à demander la paix. Ils rendirent la liberté au baron d'Allemagne et à ses gens (2), et les renvoyèrent en France, accompagnés de deux envoyés, Caynan-Agha et Rozan-Bey. Après avoir débattu les conditions du traité avec le duc de Guise, ces deux ambassadeurs se rendirent à Tours, où se trouvait alors le Roi, et lui demandèrent pardon *des pilleries qui avaient été commises sur les Français*. Cela fait, le traité fut conclu, le 21 mars 1619 : les captifs devaient être rendus de part et d'autre ; le Roi poussa même la générosité jusqu'à s'occuper de prisonniers Turcs qui ne se trouvaient pas sous sa dépendance directe, comme le démontre la lettre suivante, adressée au grand maître de l'ordre de Malte :

Lettre de Louis XIII au Grand Maître de l'Ordre de Saint Jean de Jérusalem.

« Mon cousin (3),

» J'ai sceu qu'un gentilhomme Francois, passant à Malte, y a laissé quatre ou cinq Turcs esclaves, pour la liberté desquels ceux d'Argier m'ayant envoyé faire instance, j'ai bien voulu vous écrire cette lettre afin que vous les fassiez relâcher et rendre à ceux qui vous les demanderont, n'ayant point été pris en guerre. Et d'autant que ceux de ma ville de Marseille ont intérêt à cela, j'y ai d'autant plus volontiers employé ma recommandation avec

---

(1) Voir le *Mercure François*, tome VI, p. 381, 382,

(2) Ils ne furent pas cependant délivrés tout à fait gratuitement, ainsi que nous le verrons plus loin (page 20).

(3) Le grand maître de Malte, auquel cette lettre est adressée, est Alof de Vignacourt. — La lettre se trouve aux archives de la Chambre de commerce de Marseille, AA, 508.

vous, que je sais combien vous avez accoutumé d'y avoir égard, et me promets que vous ferez encore le semblable en cette occasion. Priant Dieu, mon cousin, qu'il vous ait en sa sainte et digne garde. — Écrit au Plessis-les-Tours, le quatorzième jour d'août 1619.

» *Signé :* LOUIS.

» *Contre-signé :* BRULART. »

Les envoyés Algériens étaient retournés à Marseille, comblés de présents, et s'y occupaient de réunir les captifs Turcs qu'ils devaient ramener avec eux, sous la conduite de M. de Moustiers, qui était chargé de présenter le traité au Divan. C'était toujours une longue opération que de délivrer des gens de chiourme ; plusieurs galères étaient en mer, et il fallait nécessairement attendre leur rentrée ; quelques unes allaient hiverner dans des ports éloignés et reprenaient la mer avant d'avoir eu connaissance des ordres du Roi. Il fallait encore compter avec la mauvaise volonté des capitaines de galères, qui se montraient très-peu satisfaits de voir désorganiser leurs équipages et qui, sans oser désobéir ouvertement aux ordres reçus, faisaient tout ce qu'ils pouvaient pour en atténuer ou en retarder l'effet. Bien plus, on s'était aperçu au dernier moment que, dans les articles signés à Tours, il n'était pas question des deux canons de Dansa, et Caynan-Agha assurait qu'il était impossible de paraître au Divan sans lui donner satisfaction sur ce point. Les affaires traînèrent donc en longueur ; plus d'un an s'était déjà écoulé sans qu'on eût rien conclu. Le gouvernement de l'Odjeac, assailli par les plaintes des familles des captifs, commençait à perdre patience, et tout cela venait accroître les embarras de M. Chaix qui nous les révèle dans la lettre suivante, adressée aux consuls et gouverneurs de Marseille (1) :

(1) Archives de la Chambre de commerce de Marseille, AA, 461.

Lettre de M. Chaix à MM. les consuls et gouverneurs de la ville de Marseille.

Alger, le 27 février 1620.

« MESSIEURS,

» Les vôtres du quinze décembre passé, avec celles qu'écrivez au Bassa et Divan des génissaires, accompagnées d'autres de Monseigneur de Cézy (1), ambassadeur pour Sa Majesté, ont été présentées au Divan ensemblement et au Bassa, lesquelles vinrent fort à propos, et en une facon où nous en avions plus de besoin que jamais. Car ils se licencioient déjà à rendre les Francois esclaves pour moindre sujet que ce fût; notamment, cinq ou six jours auparavant, emmenèrent un vaisseau de La Rochelle, chargé de cinq à six cents boutes de sardines, commandé par un nommé Beauchesne, étant quarante-sept hommes dedans, lesquels contre tout devoir déclarèrent esclaves devant le Divan, les accusant d'être corsaires et avoir combattu, nonobstant mes vives défenses contraires; s'excusant le Bassa, à moi, qu'il n'avoit plus bouche à parler, attendu la longue détention de ces députés et canons, ayant les corsaires et leurs armeurs gagné le haut bout contre les gens de bien et auteurs de cette paix, mais que, indubitablement, lorsqu'ils se verront favoris de ces deux méchants canons, qu'ils ne laisseront un Francois dans ce pays sans jouir de sa liberté; et, en effet, le susdit équipage du sieur Beauchesne qui avoit été vendu, je fis dire au Divan, après la lecture de vos lettres et celles de Caynan-Aga, que les Francois susdits seroient mis en *amana* ou dépôt jusqu'à la venue de ces députés et canons, et que tous les autres Francois détenus seroient libres audit temps. Un mois auparavant, fut pris un autre vaisseau de l'île de Rhodes en marque, l'un de ceux que Monseigneur de Saint-

(1) Philippe de Harlay, comte de Cézi, ambassadeur de France à Constantinople de 1620 à 1631.

Luc (1) avait armé contre les Espagnols commandé par Jehan Jannin, dit La Chesnaie, avec soixante-deux hommes lesquels aussi seroient esclaves pour avoir combattu et être corsaires. Et tant s'en faut que j'aye pu avoir la relaxation de tous les esclaves Francois, vaisseaux et marchandises, que m'écrivez, qu'au contraire le jour d'hier fut dit au Divan que tous les Francois qui se tiennent ici seront détenus jusqu'à la venue de leurs dits députés et canons, me trouvant déjà quarante personnes sur mes bras, tous gens de Ponant, la plus part qui avoient été pris par ces corsaires, et même avec des prises, lesquels, joints avec ces deux équipages de La Rochelle et Maremmes, comme autres du capitaine Ali-Mamy, Soliman-Florentin, renégat, et Mamy-Raïx, font le nombre de deux cents, lesquels j'entretiens sous les espérances qu'au premier jour viendront les députés, et qu'ils jouiront bientôt du bien qu'ils attendent ; vous assurant qu'une bonne partie d'iceux renieroient, n'étoit cette seule espérance, vous disant avec tous les regrets du monde que vingt-quatre ont fait naufrage (2), si la miséricorde de Dieu ne les relève. Je m'étais toujours promis que vous autres, messieurs, ajouteriez en vos dépenses le relèvement des miennes, auxquels ne puis subsister sans votre secours, n'étant obligé à icelles ; et m'assure que y ferez considération ; car autrement beaucoup de gens pâtiroient. Ici vous savez que ces dépenses sont dépendantes des vôtres, et recevez, s'il vous plaît, en bonne part, la recherche qui vous en sera faite par M. Gauvidy, procureur du Roy en l'amirauté. Quant aux blés que m'écrivez les charger à patron Évangéliste, il n'y avoit rien de plus aisé s'il l'eut voulu faire, ne pouvant employer son fonds, qui est assez bon en blés, mais bien en cire et cuirs le long de la côte, où il s'en va expédier au premier jour, ne voulant le Bassa plus du passé, m'ayant dit ainsi. Je vous écriray quand le négoce sera plus libre, que, si je puis avoir quelque vaisseau à bon marché, dans peu de temps, le vous enverray chargé de blés.

---

(1) Timoléon d'Espinay, marquis de Saint-Luc, maréchal de camp en 1617, vice-amiral en 1622. Il devint maréchal de France et mourut en 1644.

(2) C'est-à-dire se sont fait musulmans.

» Au vingt-cinquième octobre passé, fut relaxé M. l'évêque de Péronne (1) en vertu de vos lettres et vives poursuites, non sans grandes dépenses et donatives que fallut faire, par raison desquelles j'y suis pour plus de mille écus, qu'il s'est tenu obligé à moi par bonnes obligations et lettres de change, outre quelques coffres que j'avois chargé sur le vaisseau qu'alloit de passage et devoit aller de droiture à Marseille pour me les acquitter; au contraire a pris le chemin d'Espagne, je crois, pour m'abuser avec les autres à qui s'est obligé, qui, avec les respontions qu'ay fait ici pour le baron d'Allemagne, se montent à trois mille écus que devoit acquitter dans trois mois et sommes au quinzième sans avoir rien qu'une lettre de lui pour toute satisfaction (2), ne pouvant bouger d'ici sans cela ; m'ayant fait perdre tout crédit et honneur avec la plus part de ces messieurs, où le général ne peut qu'y souffrir. Vous suppliant très-humblement, Messieurs, m'assister de vos bonnes faveurs et amitiés en la poursuite qui lui en est faite de ma part par devant la Cour du Parlement pour l'intérêt du public et honneur de la charge ; que si je ne payois aux plus mauvais garcons les intérêts par lunes, je n'aurois pu subsister encore. Le sieur Viotot, mon coobligé, en a tenu la prison quelque temps non sans grand danger de sa vie. C'est avoir mal employé le profit dudit prêt, qui ne fut que pour s'acheter le tiers d'un vaisseau et marchandises avec joyaux de haut prix, à quoi me devoit répondre, tant pour son honneur que pour satisfaire à l'obligation qu'il m'avoit de m'être mis la chaîne aux pieds pour la lui ôter. Que si ledit sieur évêque m'y fait de même, ne faut plus croire au *fiat* de personne.

» Je l'avois accompagné d'un grand pli de lettres dans lequel

---

(1) Charles de Hamel, Seigneur de Péronne, Abbé commandataire de Ste-Élisabeth de Genlis (ordre des Prémontrés) et Prieur commandataire de Ste-Marguerite d'Élincourt (ordre de Cluny).

(2) On voit, par cette lettre, que M. de Castellane, après avoir recouvré sa liberté, se souciait assez peu des embarras qu'il avait légués au consul. Cet exemple d'ingratitude n'était pas rare chez les captifs délivrés, et le nombre était assez grand de ceux qui disaient avec le proverbe: Passato lo pericolo, gabatto lo santo.

étoit celles du Roy, de Monsieur de Guise et de vous autres, Messieurs ; ainsi un ample mémoire de tout ce qui regardoit les affaires de Sa Majesté et bien de vos sujets et l'état de ce pays que j'eusse bien désiré que Monsieur de Césy l'eusse vu pour s'en servir en Constantinople ; que, si j'ai nouvelle ne vous ait été rendu, j'y pourvoiray d'ailleurs par première commodité. Cependant vous prieray diligenter la venue desdits députés et canons pour le soulagement de tant de pauvres âmes ébranlées et autres biens infinis que en réussira. Quoi attendant, je demeureray, Messieurs, votre très-humble serviteur,

» CHAIX. »

Il paraissait difficile de trouver une solution diplomatique : d'un côté, il était impossible de renvoyer à la signature du Roi un traité qui avait été approuvé par les deux parties contractantes, en y introduisant après-coup une modification de ce genre ; d'un autre, le duc de Guise, qui considérait ces canons comme sa propriété privée, ne paraissait pas désireux de s'en dessaisir. Le commerce de Marseille, qui avait le plus à souffrir de toutes ces lenteurs, se résolut à y mettre fin en achetant l'objet en litige à son possesseur, et à en faire présent aux envoyés Algériens. Cet expédient terminait tout à l'amiable. Des ouvertures avaient été faites dans ce sens, et tout faisait prévoir une heureuse issue, lorsqu'un fatal incident vint tout remettre en question et rallumer la guerre entre les deux pays.

Dans les derniers jours du mois de février 1620, un des plus actifs et des plus cruels corsaires d'Alger, Regeb Reïs (1), croisait dans le golfe du Lion, lorsqu'il aperçut une polacre de Marseille, commandée par le capitaine Drivet, qui revenait d'Alexandrette avec une cargaison de la valeur de cent mille écus. Il accosta ce bâtiment qui, ayant eu nouvelle de la paix récemment conclue, naviguait sans aucune défiance. Le pirate monta à bord, et sa

---

(1) Voir l'*Histoire nouvelle du massacre des Turcs fait en la ville de Marseille* (déjà citée, page 14) et le Père Dan, *Histoire de Barbarie et de ses corsaires*, p. 457 et suivantes.

cupidité, enflammée par la vue d'un aussi riche butin, lui donna l'idée de s'emparer de toutes les marchandises. Ce rapt fut exécuté à l'instant même et sans combat ; après quoi, pour ensevelir à jamais toutes les traces de son crime, le bandit donna l'ordre de saborder le navire et de massacrer l'équipage qui se composait de trente-six personnes, dont quelques-unes appartenaient aux meilleures familles de Marseille. Mais, pendant le carnage, deux jeunes matelots s'étaient cachés à fond de cale et étaient parvenus à se dérober aux regards des assassins. Après le départ de ceux-ci, ils furent assez heureux pour arriver à aveugler les voies d'eau qui avaient été pratiquées, et, se laissant aller au gré des vents et des courants, vinrent échouer sur les côtes de Sardaigne, d'où ils se firent rapatrier à leur port d'embarquement. Ce fut le 14 mars qu'ils y arrivèrent, et il y avait à peine quelques heures qu'ils avaient mis le pied à terre, que l'horrible drame était déjà connu dans toute la ville. Il y avait longtemps que la rumeur publique accusait les Algériens de faire subir ce traitement barbare aux bâtiments français qu'ils rencontraient ; mais jusque là les preuves avaient fait défaut. Les familles des victimes s'ameutèrent les premières, et leurs plaintes, leurs cris et leurs larmes, excitèrent le courroux d'une foule naturellement mobile et irritable ; les matelots, les pêcheurs, les artisans du port coururent tumultueusement aux armes, et une révolte terrible éclata. Les ambassadeurs et leur suite avaient été logés par les échevins à l'hôtel de Méoilhon, où les magistrats de Marseille survenaient à leurs besoins, ainsi qu'à ceux d'une cinquantaine de Turcs qui y attendaient le jour prochain du départ. Ce fut sur cet hôtel que se rua la populace furieuse et altérée de vengeance. Bien que surpris par une attaque aussi imprévue, ces malheureux se défendirent énergiquement pendant un jour et une nuit, et il fallut mettre le feu aux bâtiments pour les contraindre à en sortir et pouvoir les égorger dans la rue. Pendant ce temps, les Consuls et les Viguiers avaient fait les plus grands efforts pour sauver leurs hôtes (1). Ce fut en vain qu'ils es-

(1) Voir la délibération municipale du 15 mars 1620 (Archives municipales de la ville de Marseille, registre 30, f° 127) et la lettre des

sayèrent de dissiper le rassemblement : la force armée sur laquelle ils avaient le droit de compter ne seconda pas leurs intentions ; ils furent eux-mêmes menacés de mort et réduits à se retirer ; ils ne purent arracher que douze des victimes au sort fatal qui les attendait. Les quarante-huit autres Musulmans furent massacrés par la foule ou noyés dans le port.

Dès le lendemain de l'attentat, le premier consul, M. de La Salle (1), en envoya porter la nouvelle au Roi par M. de Montolieu ; des ordres furent immédiatement donnés pour que justice fût faite de la sédition, et un arrêt du Parlement de Provence (2), rendu à Aix, le 21 mai 1620, condamna quatorze des coupables ; quelques autres furent condamnés aux galères, et le reste des inculpés à des châtiments corporels. En même temps, et pour prévenir les représailles, Louis XIII ordonna à son général des galères, Philippe-Emmanuel de Gondi, de faire une croisière le long des côtes de Barbarie. Les ordres royaux furent exécutés (3), et l'heureuse campagne maritime de l'été de 1620 nettoya le bassin occidental de la Méditerranée d'une partie des pirates qui l'infestaient.

Cependant le bruit public avait rapidement fait parvenir à Alger la nouvelle de ce qui s'était passé, et y avait causé une indignation générale. Le Pacha et le Divan écrivirent dès le 16 juin (4) pour demander des explications : leur lettre faisait ressortir tout ce qu'il y avait de grave dans l'action qui avait été commise, invoquait le caractère sacré des ambassadeurs, et se plaignait de la violation de la foi publique. Les consuls répondirent, le 25 juillet (5), en donnant l'historique exact des faits

---

consuls au Pacha d'Alger, en date du 25 juillet 1620 (Archives de la Chambre de commerce de Marseille, AA, art. 508).

(1) Archives municipales de la ville de Marseille, registre 30, f° 127.

(2) Archives municipales de la ville de Marseille, série FF (copie).

(3) *Mercure François*, tome VI, p. 470.

(4) Archives de la Chambre de commerce de Marseille, AA, 508.

(5) Id.

qui s'étaient passés. Leur lettre est à la fois très-ferme et très-adroite ; elle rappelle les bons traitements dont les envoyés ont été comblés jusqu'à la fin, le succès de leurs démarches auprès du Roi, et la généreuse hospitalité qui leur avait été donnée. Puis ils dépeignent la sédition populaire et les efforts qu'ils ont faits pour la calmer, au hasard de leur propre vie ; ils notifient ensuite le châtiment des coupables, et terminent en manifestant l'espoir que ce malheur ne modifiera en rien les conditions de la paix. Cette lettre fut confiée à Mohammed Cheriff, beau-frère de Caynan-Agha, qui avait été délégué par le Pacha pour faire une enquête sur les derniers événements. Elle eût probablement calmé les esprits à Alger, où l'on savait trop bien ce que c'était qu'une sédition populaire pour s'en étonner beaucoup, si le malheur n'eût pas voulu que le bâtiment qui portait le Cheriff fût pris par une galère de Toscane. Il fallut faire des démarches pour le racheter, et cela causa des retards considérables, qui furent regardés comme injurieux par le Divan, harcelé lui-même par les doléances des familles des victimes. Le 8 août, une émeute formidable éclata à Alger ; le consul et les résidents Français furent traînés au Divan (1), et il fut un instant question de les brûler vifs. Les Reïs armèrent leurs navires et sortirent du port, décidés à faire une guerre sans merci. Le commerce français essuya des pertes d'autant plus grandes que tous les vaisseaux marchands étaient sortis des ports sur la foi du nouveau traité. Dans la série de lettres (2) adressées par M. Chaix aux consuls et gouverneurs de Marseille, que nous publions plus loin, on pourra voir combien nous coûta la fatale rupture dont *ces deux méchants canons*, comme les appelle le consul, avaient été la cause initiale :

(1) Mémoires journalières d'un captif (Archives de la Chambre de commerce de Marseille, AA, art. 508).

(2) Toutes ces lettres proviennent des archives de la Chambre de commerce de Marseille (AA, art. 462).

Lettre de M. Chaix à MM. les consuls et gouverneurs de la ville de Marseille.

Alger, le 28 mars 1622.

« Messieurs,

» Vous ay écrit par voie de Ligourne au vingt-huit du passé. Depuis sont arrivés en cette plage seize vaisseaux de guerre de messieurs des États d'Hollande pour voir avec des menaces pouvoir ranger ces messieurs, les porter au devoir et s'assurer d'une bonne paix.

» Et quoiqu'ils les ayent toujours craint pour avoir noyé plus de cinq cents hommes depuis deux ans et mis leurs navires à fond, même au seize février venant en ces mers, auroient pris un Salah Raïx, commandant le vaisseau *Roy David*, qu'ils ont aussi coulé à fond et tué septante ou quatre-vingts hommes dudit équipage et pris cent soixante Turcs de ce susdit *Roy David* et autres d'un Challeg Moustaffa, lesquels n'ont servi que pour délivrer soixante Flamands qu'ils détenoient en dépôt (1).

» En cette ville, n'ayant pu avancer autre chose ni maniger d'avoir leur consul, nonobstant les vives poursuites qu'en ont fait, s'étant partis de cette plage après y avoir séjourné onze jours, commencés dès le premier de ce carême, et laissé passer deux prises des siens et quatre corsaires, étant la plus grosse faute dont on les puisse blâmer ; car par ce moyen se fussent rendu plus redoutables et eussent contraint ces barbares à leur accorder sans contredit les demandes consistant en la restitution des vaisseaux et marchandises prises depuis leur paix, des garçons reniés par force, punition des infractions et assurance de la paix par des otages que demandèrent.

(1) La croisière dont il est question, est celle qui fut commandée par le capitaine Lambert, qui, à la tête d'une petite flotte de six vaisseaux, se rendit tellement redoutable que les Algériens finirent, en 1624, par lui accorder ce qu'il demandait pour se débarrasser de lui. Il avait pris l'habitude d'user impitoyablement de représailles, et faisait pendre tous les pirates dont il s'emparait.

» Il semble que Dieu seul a empêché cette paix, aux fins que lesdits Flamands soient ministres de sa justice pour perdre ces larrons qui haussent les cornes si avant, que les forces, non d'une ville seule comme celle-ci, mais la plus puissante monarchie seroit empêchée faire les armements semblables sans s'incommoder ; chose déplorable pour les gens de bien qui ne penvent plus naviguer sans hasard de leurs personnes et biens; se tenant en mains, nonobstant les naufrages passés, soixante-trois navires de cinq à six mille quintaux et dix bataches (1), de un à deux.

» Pensez, je vous supplie, s'il n'est pas la saison d'implorer la faveur Divine pour la perte d'iceux, et s'il n'est pas expédient pour le bien commun de la chrétienté que lesdits États les châtient, puisque les autres princes les vont négligeant.

» Je diray encore, Messieurs, avec vérité, que notre nation, par la douceur qu'a toujours montrée à eux, au contraire de ceux-là, l'honneur et autorité du Roy est accrue au double ; et que, venant leurs députés avec ces maudits canons, accompagnés de quelque brave cavalier, député du Roy ou de la ville, avancera par la même douceur qui nous est ordinaire, les mêmes demandes que la sortie des Hollandois n'a pu avoir.

» Là donc, je vous supplie au plutôt pour le bien qu'en réussira et vous acquérerez la gloire que vos devanciers ont recherché sans effet, pour y avoir de la fatalité en toutes affaires. Que si vous autres, Messieurs, vouliez suivre mon avis comme aucunement expérimenté aux affaires de ce pays, pourriez, comme vous ay dit, prévoir à tous malheurs et vous assurer de ces barbares sans beaucoup de frais, et pour ne les rendre coûteux, vous diray en peu de mots que le nœud de l'affaire gît à procurer le châtiment des Bassas faire perdre maintenant Ossain Bassa, devancier de celui-ci, l'accusant de concussions, inhumanités, voleries faits devant son bachalik, pour raison de quoy M. le consul Vias vous en donnera d'amples justifications ; et de faire appeler à Constantinople Jaref Bassa, à présent régnant, pour

(1) Patache ; on désignait sous ce nom des bâtiments légers qui servaient aux reconnaissances et à l'approche des côtes.

rendre compte de ses actions ; l'accusant d'avarice, d'avoir fait violer la foy publique durant le traité de cette paix, et que leurs députés ont été en France ; que si ne prenait le *panigie* (1) des prises francoises, ne se trouveroit aucun corsaire qui osât prendre et s'approcher des vaisseaux francois.

» Encore se pourroit-il obtenir facilement du Grand Seigneur commandement pour faire aller chaque année audit Constantinople les agas des janissaires qui auroient été durant la tenue desdits Bassas pour tenir en crainte les uns et les autres.

» Avisez-y donc, je vous supplie, et tenez-y la main comme le plus pressant remède ; et diligentez le retour de ces députés, pour les ôter de tous prétextes de nous travailler et pour la liberté de tant de pauvres Chrétiens menacés la plus part d'une perpétuelle esclavitude, vous assurant que ce différé coûte au négoce de France plus de cent mille écus ; même les jours passés, lesdits Hollandais laissèrent passer un Caya Solly et Osman Oges Raïx qui ont volé cinq ou six barques le long de la côte d'Espagne et de Provence sans personne, et laissé autres, qui n'ont fui sans y prendre rien ; qui ont accusé les marchandises desdites barques appartenir à des Italiens et Espagnols. Ce nonobstant, j'en fis plainte aussitôt au Divan lui remontrant que lesdites robbes et marchandises appartenoient à des Francois, demandant la restitution d'icelles ou, à tous bas, qu'elles fussent mises en dépôt, jusqu'à la nouvelle assurée qui en viendroit de Marseille ; mais nonobstant que le Divan du commencement eut fait démonstration d'en vouloir faire quelque chose, depuis, l'avarice du Bassa et chefs du Divan m'auroit empêché ce bien, étant lesdites marchandises exposées en vente, et bonne partie achetée par des Ligournois.

» Lesdits Raïx s'excusent et me donnent nouvelles que Rageb Raïx a pris une polagre (2) de Marseille qu'ils ne voulurent toucher. Croyons qu'aura mené à Tunis, ayant les armeurs dudit

---

(1) *Sic.*

(2) C'est la prise de cette polacre qui allait causer les terribles événements dont il est parlé dans les lettres suivantes, et qui mirent la vie elle-même du consul dans le plus grand péril.

Raïx envoyé courrier à icelui le long de la côte pour lui dire de ne venir ici avec ladite prise. Il ne s'est passé autre chose à présent qu'il soit digne de vous avertir. Finissant donc, prieray Dieu vous tenir en santé et bénir vos desseins d'aussi bon cœur qu'après vous avoir humblement baisé les mains, vous seray en général et en particulier, Messsieurs, votre très-humble et obéissant serviteur. »

Lettre de M. Chaix à MM. les consuls et gouverneurs de la ville de Marseille.

Alger, le 20 juillet 1620.

« MESSIEURS,

» Puis le départ du Chérif, parent de la femme de Caynan-Aga, qui fut au 20e du passé, n'est arrivé chose digne de vous avertir depuis mes précédentes, fors que les galères ont envoyé une barque, ces jours passés, qu'on m'a dit être de Marseille, les gens s'étant fuis en terre ; comme aussi un Flamand renié, Raïs d'une pitarge, prit proche de Lisbonne, patron Rouvand de Marseille, les gens aussi fuis en terre ; et finalement autre barque prise par un bateau du Pisixino (1), que jugeons être de la côte, chargé de sucre et d'huile ; et, parce que à présent nous ne sommes que sur la défensive, je n'ose en faire grande poursuite, me contestant être Catalans, puisque les gens ont fuis en terre. Je ne m'attache qu'avec les personnes qu'on prend à divers vaisseaux, notamment trois qu'ont été rendus, qu'avoient été pris sur un vaisseau de Nantes, chargé de blé pour Marseille, qu'ont laissé là après l'avoir dévalisé, lesquelles je renvoye par Ligourne. J'ay aussi appris par un garcon qui fut pris sur un vaisseau de Nantes venant de Marseille, comme les galères étoient armées (2) et quelques vaisseaux pour venir ici avec les galères de Malte ;

(1) Le Piccinino, renégat italien, devenu célèbre à Alger sous le nom d'Ali Bitchnin. Dans les relations des Pères Rédemptoristes, on l'appelle aussi Pichinin, Pichelin et Bichelingue.

(2) Les galères de la croisière de M. de Gondi.

que si cela est, ne se peut espérer que une bonne paix suivant le comportement de Monseigneur le Général, comme par les avis qu'ils avoient eu l'autre jour qu'il y devoit venir ; qu'étoit de cotoyer l'Espagne jusqu'au détroit et passer par là aux côtes de Barbarie, où n'y manqueroit pas de rencontrer plusieurs de ses corsaires et de ses prises, qui rendroit notre nation à l'avenir autant recommandable à ces barbares que vitupérable au passé. Je vous dis ceci, Messieurs, afin que jugiez combien nous seroit nécessaire que cela fut que ces barbares vissent quelque peu des puissances du Roy, qu'ils jugent à présent moindre que celui d'Alger, étant restés jusqu'à présent sans punition de tant de maux commis à la personne des officiers du Roy et du nombre infini des déprédations faites à ce sujet. Je pense que le sujet de l'envoy du Chérif vous aura été agréable ; car non seulement par icelle nos vies sont aucunement plus assurées, mais aussi les facultés de tout plein de Francois qui jusques à son retour ne seront plus menacés, vous disant et priant, Messieurs, de vouloir, pour l'avantage du négoce apaiser ces gens par une bonne guerre ou renouvellement de paix ; car apprendrez tout ainsi comme le prétexte d'une rupture leur a servi de faire plus de mille Francois esclaves et de plus de quatre cent mil écus de prise sur iceux. Aussi la mort de Caynan-Aga leur sera plus spécieuse en s'attaquant à la vie de tous les Marseillois particulièrement, que, jusqu'à ce que fit Ragib Raïx, avoient eû en plus singulière recommandation que tout le reste de la France. N'ay à présent qu'à vous recommander le prompt retour dudit Chérif de son expédition à son contentement, duquel dépend notre salut, à quoy ferez considération et vous plaise de me croire toujours, Messieurs, votre très-humble serviteur.

» CHAIX. »

Lettre de M. Chaix à MM. les consuls et gouverneurs de la ville de Marseille.

Alger, 16 janvier 1621.

« Messieurs,

» Pour ce commencement d'année, que Dieu, par sa sainte

grâce, nous donne la fin meilleure, vous diray comme ces jours passés un Abram Raïx, Tagarin (1), prit un vaisseau venant de Smyrne; ne sachant le nom, mais savons qu'est de Marseille, riche de plus de trente mil écus, ayant mis les gens à terre à Mayorque, et que les chrétiens qu'étoient avec ledit Raïx m'ont assuré que tous les jours prennent des vaisseaux et barques de Levant, et depuis le mois d'août, ont laissé là bride à ses corsères de prendre sur les François; verrez par le rôle ci-joint de combien va la mort de leurs députés à tout plein de gens de bien, que nous coutent telles mutinations; que si le Roy n'y remédie promptement, et vous autres, Messieurs, n'y contribuez ce que devez, verrez que le péril de ma vie n'est rien à l'égal de la perte commune, parce que la plupart de ces corsères, qui sont au nombre de huictante cinq, tous mieux armés et équipés, prennent la route du Levant pour attaquer et prendre les vaisseaux venant d'Alexandrette, d'où ne s'en peut espérer qu'une déplorable issue. Car il n'est pas possible qu'avec un si grand nombre de corsères puisse passer aucun vaisseau sans être péri ou pris. Il n'y a force au monde que ces gens ici craignent tant que les galères de France, pour les effets dignes d'icelles qu'on a vu l'été passé (2). Ils se jouent des armements Flamands et Anglois, qui, pour être plus pesants qu'eux, ne font que leur donner la chasse. Ayant brûlé, ce mois de décembre passé, un galion du duc d'Ossone (3), avec une invention qu'ont eu d'un corsaire anglois renié. Autant croyent-ils faire aux galions de Malte et autres vaisseaux qui seront plus forts qu'eux. A quoy on doit bien prendre garde à l'avenir de se laisser aborder. Verrez s'il vous convient, Messieurs, d'employer la faveur du Roy pour faire les commandements à Monseigneur le Général des galères de sortir de bonne heure cette primevère, de s'en venir présenter à

---

(1) Les Maures venus d'Espagne se nommèrent Tagarins ou Andaleuses, selon qu'ils étaient originaires de Valence ou de l'Andalousie.

(2) M. Chaix fait allusion à la campagne de Philippe-Emmanuel de Gondi, général des galères, qui, en 1620, avait détruit une grande quantité de vaisseaux algériens et arrêté pendant un certain temps l'extension de la piraterie. (*Mercure françois*, t. VI, p. 470).

(3) Le duc d'Ossuna, vice-roi de Naples.

tir de canon de cette ville, demander justice et l'assurance d'une meilleure paix ; que s'il m'en jugeoit capable, de ne vouloir traiter sans m'avoir dans ses galères ; verriez combien mes instructions seroient salutaires et avantageuses au service du Roy et bien de ses sujets. J'espère que, cela étant, y ferez considération. Le supplierez d'avoir soin de ma personne ; que si, durant ce temps, le bonheur nous accompagnoit que M. de Césy eut opéré à Constantinople, pour nous avoir des commandements nouveaux, et que quelque chaoux de la Grande Porte vint avec iceux, ne seroit que à disposer toutes choses mieux. Je vous l'ay écrit au départ de la galère au mois de septembre passé ; outre mes précédentes, que aurez reçu tant par voie de Ligourne que Espagne, vous ont appris l'état de ce pays, le grand nombre des pauvres esclaves Francois qui sont ici, la grande misère et un extrême souci pour ne savoir qui payera la mort de ses députés. Les grandes donatives que j'ai faites jusqu'au jourd'hui, tant aux femmes des dits députés qu'au Bassa et Divan des Jénissaires pour m'attirer quelques protections de nos vies, que la mort déjà alloit menacant la mienne. Et comme le Chérif, qui fut pris par les galères du Duc de Florence, n'est encore de retour, et que depuis le mois de juin passé, n'ay reçu aucune nouvelles de chrétienté ; ce qui me détient le plus en ennui, n'ayant aucune consolation que l'espérance que je me donne d'être favori de vous autres, Messieurs, et que comme protecteurs et défenseurs de la ville de Marseille, le serez encore de tout le négoce de la France et encore de trois cents pauvres esclaves Francois détenus en extrême misère, la plupart desquels sont ébranlés à renier notre sainte foy, quoique maintenus par nous sous les espérances qu'en aurez un soin plus que paternel, autant que de moi, qu'auray l'honneur de me dire à perpétuité, Messieurs, votre bien humble et très-affectionné serviteur.

» CHAIX. »

Lettre de M. Chaix à MM. les consuls et gouverneurs de la ville de Marseille.

Alger, le 6 mars 1621.

« Messieurs,

» L'assurance qu'ay que mes précédentes du septième janvier par deux fois duplicata vous auront été rendues, me gardera de redites ; seulement vous diray comme sur les appréhensions que ces messieurs du Divan se donnoient d'être châtiés par les Francois, puisque ne venoit personne et que le commencement de la sortie des galères avoit été si bonne que l'issue en seroit encore meilleure.

» Mais comme on sut que des vaisseaux Francois sont été à la côte pour redresser le bastion, ont quitté ses appréhensions et changé leur peur en fureur. Quoique la lettre de Monseigneur de Guise les dusse retenir, pour être fondée sur la bienveillance des Turcs avec notre nation, et que les Genevois s'en vouloient emparer, laquelle arriva avec un courrier de Bône, le lundi vingt-deux février, où aussitôt assemblèrent grand Divan et fut dit d'envoyer quatorze navires de guerre avec trois mille Jénissaires pour les prendre, et ce qui est plus déplorable, de les mettre tous à mort. Étant partis le dimanche suivant, dernier février, pour faire perdre l'envie à l'avenir à ceux qui les voudroient imiter, regrettant de n'en avoir faict du même au baron d'Allemagne. Car, par ce moyen, ceux-ci ne seroient revenus, et moi comme son pleige de trois mille écus (1), n'en serois en alarme tous les jours, n'étant le tout faict à dessein, ce semble, que pour nous perdre, comme en ont bonne envie ; étant étonné de ce que vous autres, Messieurs, ne vous êtes opposés au dessein de cette compagnie ; et suppliez Monseigneur de Guise que ce n'est encore la saison ; que s'il savoit le préjudice qu'apporte ce bastion à la France, seroit plus prompt à détourner les auteurs qu'à leur don-

(1) Il paraît que M. de Castellane ne s'était pas encore décidé à payer, et que le consul restait toujours engagé pour lui.

ner assistance. Car, comme savent trop bien les expérimentés en ce pays, que tous les renégats Francois qui sont ici depuis quarante ans ne procèdent quasi que du bastion, que cette compagnie est le support de ces corsères, que par permission divine tels biens n'ont jamais enrichi les possesseurs, mais plutôt finis misérablement, et ne doute point que le péché de ceux de cette compagnie, cause de la mort de tant de pauvres personnes qu'ont embarqué pour ce dessein, ne tombe sur leur tête, outre la perte que recevront en ses biens. Car je crains que pour dépit, ceux-ci ne veuillent courir sur nos terres, étant en volonté d'armer huictantes navires de guerre qu'ils ont tenu en flotte pour ce sujet, aux fins de les prendre et saccager La Ciotat, Cassis et toute la côte de Provence, mettant six mille hommes en terre. Voyez, Messieurs, à quels malheurs nous portent tels marchands de chevaux et blés, comme s'il manquoit ailleurs pour employer ses commodités; quelle misère seroit de voir une telle déploration, la plupart des jeunes hommes qui se renieroient sans espoir d'y remédier. Je n'ose dire ce que j'en sais davantage sur ce sujet pour n'irriter le public ; seulement vous supplieray de veiller en tout et ne permettre que telle affliction arrive. Ils croyent déjà en être venus à bout, sans l'avoir accommencé, par le moyen des renégats Francois qui sont pratiques à la côte et leur ont assuré l'entreprise facile. J'ay couru pour ce sujet dudit bastion grand risque avec tout le reste des pauvres Francois qui sont ici ; ayant été trouvé un courrier que le sieur Dominey envoyoit au Collou pour savoir si son vaisseau étoit expédié, même ont cru que c'étoit pour avertir ceux du bastion. Et sans avoir égard que le courrier étoit parti avant qu'on sceut cette nouvelle, ont faict de grands vacarmes au Divan sur ce sujet, et non sans grand danger de la personne dudit Dominey ; qui, acharnés au samedi précédent de la mort du pauvre Joseph Mégi de La Ciotat, que brûlèrent tout vif après infinis tourments pour quelques lettres sans sujet qu'envoyoit en Espagne.

» Auquel Dominey, la faveur de ses amis et aide de sa bourse, l'a préservé de tout inconvénient pour à présent.

» Jugez comme nous sommes parmi ces gens que, respirant d'une attaque comme celle de la mort de ses députés, rentrons à de plus grandes, non pour le service du Roy, mais pour des particuliers ; à quoy vous plaira tenir la main pour nous en délivrer et ne permettre que notre nation soit le jouet du monde ; à quoy confiant, après vous avoir bien humblement baisé les mains, demeureray pour toujours, Messieurs, votre très-humble serviteur (1).

» CHAIX. »

Lettre de M. Chaix à MM. les consuls et gouverneurs de la ville de Marseille.

Alger, le 1er mai 1621.

« Messieurs,

» Je me suis tant dilaté à toutes mes précédentes, pour vous représenter l'armement incroyable de ces Messieurs, ses desseins, leur mécontentement, notamment depuis le 22 de février, que, si mes lettres vous sont arrivées à temps, n'avez sujet vous plaindre de la perte de la polagre *Clarice*, de patron Olivier, non plus que la prise du vaisseau de Migran, que disay par ma précédente avoir eu vent y avoir à Tunis un vaisseau de Marseille chargé de soies. Autre flotte de douze vaisseaux les plus grands, sous la conduite de Mostafa Raïx, sont allés du côté de Levant. Dieu sait s'il y a de l'espérance que quelqu'autre venant d'Alexandrie ne tombe sous ses pattes; aussi y sont-ils pour ce seul

(1) On voit par cette lettre combien l'esprit public était opposé à la reconstruction et à la réoccupation du bastion de France. Les consuls résidant à Alger ne cessèrent de considérer les établissements français de la côte comme une cause incessante de troubles dans Alger et de périls pour eux ; il est évident qu'il en est ainsi ; mais, d'un autre côté, le seul commerce français dans le pays était celui qui se faisait sur la côte orientale ; la suppression du bastion eût donc entraîné en même temps la désertion des marchands et des résidents français, l'existence d'un consul à Alger fût devenue matériellement impossible et il eût fallu abandonner ce poste, qu'on avait e tant de peine à créer, et qu'il était si important de conserver [illegible] défendre la sécurité du négoce avec les Échelles du Levant.

dessein. Le Chérif arriva de Ligourne au commencement du passé, n'ayant réservé de tous ses papiers qu'une lettre de vous autres, Messieurs, en turquois du mois d'août passé.

» Et bien qu'elle fut autant vieille que longue, s'est déjà relue dans le Divan plus de douze fois, à laquelle tout le général y a pris si grand goût, que si les plus nouvelles que envoyez par la polagre ou barque du sieur Carboneau ; que, pour avarice de non prêter ou payer pour le Chérif cent écus que s'étoit engagé à Ligoune, lesquels cent écus ay satisfaict ici au patron Landollo pour donner sujet audit Chérif et à Osman de parler avec avantage, eussions avec icelles recouvré partie de la prise ; étant leur barque à Bizerte, ne voulant les mariniers venir de peur, disent-ils, d'être esclaves, ni moins osé envoyer vos lettres. Et ay appris par celui qu'envoyèrent avec la galère d'Arabagy qu'arriva de Bizerte le vingtième du passé, par le moyen de laquelle Jaref Bassa a eu quelque vent que le seigneur Stamorato de Tunis vient ici pour Bassa par le moyen de la France, ce que l'a fort dédaigné, et retenu le Divan d'ordonner avantageusement la recherche d'une assurée paix, comme ils y sont généralement portés. Au contraire, dimanche passé, fut dict que tous les Marseillois pris dans les trois vaisseaux qui étoient jà libres et espérois vous renvoyer, seroient mis à la chaîne jusqu'à ce que les musulmans qui sont en France vinssent avec les canons et robbes de Caynan Aga et de ses compagnons ; qu'en après, voulant la paix ou la guerre, y seriez reçu à tout, oubliant le passé. Et, à ces fins, le Bassa et Divan vous font réponse, comme je crois à même sujet, faisant maintenant volontiers la paix aprés avoir des Francois la value de huit cent mille écus, comme par mon rôle dernier, auquel y ajoutant le vaisseau dudit Migran, passe la susdite somme.

» Ils sont tellement impérieux sur notre nation qu'ils nous estiment autant que des juifs ou les Cabaïles du Couque (1), parce que n'avons jamais faict chose contre eux qu'à demi, et si,

---

(1) Kouko, chef-lieu de la confédération des Zouaoua, soumise depuis plus d'un siècle à la famille des Ben el Kadi, dont les chefs prenaient le titre de sultan de Kouko.

par un plus grand malheur, dans deux ou trois mois ne vient une bonne escouadre de galères se faire voir, et nous demander avec tous les François, en nombre de cinq cents, n'aurons qu'augmentement de pertes et malheurs.

» Je crois bien que l'ambassade de Monsieur de Cuges et de l'un de vous autres, Messieurs, que sont été ici pour semblable sujet, vous gardera de semblable entreprise à laquelle j'avois prédit l'évènement dans la maison de ville à Messieurs les Consuls de ce temps; je vous puis encore assurer que si les galères venoient, retireroient bonne partie desdites prises, et ne se parleroit de canons, si non d'assurance de paix à l'avenir, laquelle traiterions avec tel avantage qu'à l'avenir votre règne seroit béni et loué de tous; à quoy je m'arrête, vous suppliant d'y faire considération comme de mon fidèle service, à me reconnoître de mes grandes et excessives pertes (1) par la faute et manquement des autres simplement, et du soin de la libération de tant de bonnes gens que sont ici; priant Dieu vous donner si bons succès en toutes vos entreprises avec la santé et le bonheur, que le désire votre très-humble serviteur.

» CHAIX. »

Au bas de la lettre on lit une annotation en *post-scriptum* ainsi conçu :

« Depuis, le Divan n'a lu les lettres; samedi prochain l
» doivent faire, si autre chose ne les arrête. »

Rôle des vaisseaux françois pris par les corsères d'Alger dès le 1er aoust 1620 (2).

Capitaine André Tiboudau, d'Olonne, fut pris le 1er d

(1) Il s'agit encore là de la rançon de M. de Castellane et de cell de M. de Péronne.

(2) La première partie de cette pièce fut envoyée aux consuls Marseille avec la lettre du 7 janvier 1621 ; la seconde avec celle 19 avril de la même année. Le compte s'arrête en février 1621, bas d'une page ; peut-être que la fin manque et a été perdue.

mois d'aoust par les galères de cette ville, d'Ali Mamy Arabadgy, avec tous ses équipages (quinze personnes), chargé de douze cents barils ; estimé quarante-cinq mille écus ; les gens esclaves.................. 45.000

Le 15e d'aoust, fut prise une barque de Frontignan, chargée de soixante-six bouttes de vin, sans personnes dedans, par Safi Mustapha et Calafat Assan ; estimée quinze cents écus en cette ville.................... 1.500

Le 18e dudit, fut prise une barque de Frontignan par les susdits Raïx, avec cinquante-cinq bouttes de vin, sans personnes dedans ; estimée en cette ville treize cents écus.. 1.300

Le 22e septembre, un vaisseau de six fours fut pris par Mustapha Raïx, chargé de sel, avec quinze hommes dedans, faits esclaves ; estimé le tout à deux mille écus. 2.000

Le 25 dudit, un vaisseau de Saint-Gilles, patron Pierre Bittuyer, fut pris par Soliman Raïx avec douze hommes dedans ; estimé deux mille cinq cents écus........... 2.500

Le 1er octobre, un vaisseau d'Olonne chargé de blé, avec quinze hommes dedans, par Soliman Raïx ; vendu tout estimé trois mille cinq cents écus............... 3.500

Ledit jour, une barque chargée de sucre, poivre, indigo, canelle et autres marchaudises de valeur, étant de Marseille, sans aucunes personnes dedans, prise par Soliman Raïx ; estimée trente mille écus.............. 30.000

Le 4e dudit, un vaiseau de la côte de Provence chargé de cinq cent quarante balles laines d'Espagne, pris par Ali Mustapha, sans personnes dedans ; estimé vingt mille écus.. 20.000

Le 9e dudit, un vaisseau d'Olonne avec toutes les gens, chargé de blé, pris par Mahmet Raïx, renié Anglais ; estimé quatre mille écus........................ 4.000

Ledit jour, une tartane chargée de vins et liqueurs qu'alloit à Oran, que Amet Raïx l'a prise avec sa frégate, les gens sauvés ; peut valoir mille écus............. 1.000

Le 13e de novembre, fut pris un navire du Sable-d'Olonne par Mahmet Raïx, chargé de blé, avec quinze personnes dedans, capitaine François Bernard ; vaut quatre mille cinq cents écus........................ 4.500

Du 14e du mois de novembre, un lougre de François Couturier d'Olonne fut pris par Amet, Anglais renié, avec douze personnes dedans, chargé de blé ; peut valoir cinq mille écus................................ 5.000

Une tartane du Martigues fut prise ledit jour par Cara Mustapha, avec cinq hommes dedans, près de St-Luc d'Espagne ; estimée huit cents écus.................. 800

Un lougre, dit *le Soleil de Saint-Malo*, fut pris ledit jour par Soliman Raïx, ayant rendu un beau combat, les deux capitaines morts ; sont esclaves vingt-deux des gens, chargé de bacalhaux (1) ; peut valoir vingt mille écus.. 20.000

Un autre navire de St-Malo pris par les galères sous une forteresse d'Espagne, chargé de bacalhaux, sans personne dedans ; peut valoir douze mille écus........ 12,000

Le 1er décembre, un navire d'Olonne, chargé de blé, pris par Amet Raïx, avec treize personnes dedans ; valant six mille écus................................ 6.000

1621

Le second de janvier, une barque de Marseille, Mustapha l'a prise, sans personne dedans................ 800

Le 7 dudit, fut pris un vaisseau de Marseille, dit *Saint-Francois*, venant de Smyrne, sans personnes dedans, chargé de coton, soie, mastic, rhubarbe, canelle et autres robbes de valeur, par Abram Raïx Tagarin ; peut valoir trente-cinq mille écus.................... 35.000

Le 12 dudit, une barque de Frontignan, chargée de vins, prise par Saffa Raïx, Renié, sans personnes dedans ; peut valoir deux mille cinq cents écus.............. 2.500

Ledit jour une barque de Cassis, prise par Amissa

(1) Bacaliau ou bacala, nom donné à cette époque à la morue salée. (Voir le dictionnaire de Trévoux.)

Raïx, chargée de blé, sans personnes dedans; peut valoir quinze cents écus 1.500

Le 6 du mois de février a été pris un navire d'Olonne, ayant combattu un jour et une nuit; chargé de blé; peut valoir sept mille écus.......... (1) 7.000

Lettre de Soliman, Chaouch de la Porte, à MM. les Consuls et Gouverneurs de la ville de Marseille.

Alger, le 7 avril 1623.

« Messieurs,

» (2) A mon arrivée en cette ville, qui fut le dimanche, dix-neuvième de mars, je fus justement à mon débarquer, voir le Bacha d'icelle, auquel je fis entendre la volonté et les commandements du Grand Seigneur; qui me répondit qu'il ne tiendroit pas à lui les effects d'iceux, mais qu'il falloit les présenter au Divan de la milice; qui fut cause que, le lendemain, étant assemblés, je me portay vers eux, qui me remirent au samedi en suivant, auquel jour ayant présenté lesdits commandements, ils

---

(1) On voit par ce rôle que dans l'espace de moins de 7 mois, le commerce français avait subi une perte de plus de 205,000 écus, sans compter les nombreux prisonniers qui avaient été faits. Il est utile de remarquer que M. Chaix était loin de connaître la totalité des prises, et qu'il ne pouvait avoir aucune notion de tout ce qui était vendu, soit dans les ports de la Tunisie et du Maroc, soit même dans ceux de l'Asie Mineure, où les Corsaires amenaient quelquefois leurs prises malgré les ordres formels de la Porte, mais en profitant de la complicité plus ou moins déguisée des habitants et des gouverneurs.

On peut également remarquer la mention souvent répétée : *sans personnes dedans*. Elle s'explique par ce fait, que les équipages, lors qu'ils étaient à proximité d'une côte chrétienne, et qu'ils se voyaient en danger de tomber aux mains des corsaires, se jetaient dans la chaloupe et abandonnaient le bâtiment.

(2) Soliman Chaouch avait été envoyé par la Porte à la suite des réclamations faites par M. de Cesy. Il montra beaucoup de fermeté, et affirma sa volonté de faire exécuter les ordres du Sultan, malgré les menaces auxquelles il se vit en butte.

furent lus à haute voix et d'un commun accord répondu qu'ils vouloient y obéir ; mais pour ce que ledit Grand Seigneur avoit entendu les plaintes des Francois sans avoir entendu la leur, ils avoient député et mandé vers lui pour y répondre et par même moyen lui faire entendre la mort de Caïnan-Agha et autres musulmans qui ont été tués avec lui et aussi par même moyen les courses qu'ont faites les galères, ayant pillé leurs terres et fait esclaves plusieurs musulmans, tant par mer que par terre, ce qui fut dit avec un tumulte incroyable. Ce que, par moi entendu, leur fis entendre que ma légation n'étoit pas pour écouter leurs plaintes, mais étoit de faire obéir aux commandements de mon maître ; après plusieurs attestations et protestations au Divan, auquel m'avoient remis, enfin me prièrent (1) de m'arrêter en cette ville jusqu'au retour desdits députés, à l'arrivée desquels ils me feront ample réponse. Ce que voyant, et aussi qu'ils ont aucunement raison ; et à ce que en m'allant, il y auroit puis de la difficulté de retourner ; et aussi sachant bien que mon Seigneur, jouissant de cette commodité, n'aura garde de la laisser perdre, et assuré qu'il mandera de nouveaux commandements, j'ay avisé de m'arrêter jusqu'à leur venue pour tâcher, ce que j'espère avec l'aide de Dieu, faire accomplir la volonté du grand Seigneur. Car, bien que j'ay été l'espace de 12 à 13 jours, comme désespéré d'en avoir jamais bonne issue, maintenant je vois les affaires en meilleur état et de beaucoup modifiées. Car le Pacha, affriandé au larcin, étant joint avec les armeurs des corsères, fesoit grandes résistances et m'ont fait offrir bonne somme pour me faire cesser ma poursuite, à l'exemple de mon devancier ve-

(1) On verra dans le cours de cette histoire les Algériens employer sans cesse le même système, répondant à une réclamation par une autre, demandant des délais pour attendre l'arrivée d'envoyés auxquels ils avaient recommandé de faire traîner les affaires en longueur, et profitant de tous ces attermoiements pour continuer le cours d leurs pirateries, sans paraître se donner le tort de désobéir ouverte ment au Sultan ; enfin, lorsque tous les moyens dilatoires étaien épuisés, et qu'ils se voyaient forcés de traiter, se refusant à rendr les prises, en disant qu'elles avaient été partagées et qu'il serait im possible d'en récupérer la valeur.

nu pour les Anglois (1) ; mais ayant éprouvé ma constance, et me voyant ferme comme une roche, petit à petit s'accordent à obéir à ce que le devoir leur commande, en leur parlant à mon possible ; et vous assure que la plus grande part du Divan s'y porte, prenant mes remontrances en bonne part ; ce que j'ay fait voir au sieur Guérin, capitaine Clavel (2) et autres honnêtes François qui sont en cette ville, qui approuvent ma procédure, laquelle, fondée sur les termes du devoir, appuyée sur la patience, m'en fait promettre bonne issue. Joint à ce que j'ay trouvé à point la réponse d'une lettre qu'ils vous ont faite entre les mains du sieur Estienne, par laquelle ils vous donnent espérance de quelque paix, de laquelle je me suis saisi pour m'en servir en temps et lieu, s'il en est de besoin; vous en mandant la copie afin que la voyez ; ledit sieur Estienne avoit eu prou peine pour l'avoir et en a payé trois cents doubles de sa monnaye en ma présence, a quoi ferez, s'il vous plaît, satisfaction. Il y a eu un *Maurille* (3), de ceux qui étoient à Marseille lors de la mort de Caïnan-Agha, qui a voulu attenter quelque chose à un de ceux qui est venu sur le navire qui m'a apporté, ayant fait entendre que c'étoit un des meurtriers de Caïnan-Agha ; mais moi, ayant pris la cause en main et fait voir les particuliers commandements que j'ay de prendre gens à Marseille pour venir et retourner avec toute sûreté et que ce seroit s'en prendre à moi, l'affaire a été calme et ne s'en est plus parlé ; qui est une indice de bonne volonté au bien de la paix, pour la perfection de laquelle je m'employe et m'employeray de cœur et d'âme; et vous prie de vous y employer aussi de votre part et aviser que, mandant vos députés de par deçà, qu'ils soient gens irréprochables, et non tachés d'avarice, et qu'il n'y ait tout à fait rien de commun

(1) A la suite de leur expédition de 1621 contre Alger (*Mercure françois*, t. VII, p. 179), les Anglais avaient prié le Grand Seigneur d'accommoder leurs affaires avec les Algériens.

(2) MM. Estienne et Guerin, ainsi que le capitaine Clavel, étaient des résidents Français, qui furent chargés des négociations à diverses reprises.

(3) *Maurille*, diminutif de *Maure*.

entre le traité de paix et le négoce ; car, à ce que j'ay pu connaître, est chose fort préjudiciable, ce que prendrez par avis (1).

Il est parti de cette ville, le dix-sept de ce mois, soixante et un navires pour aller en course. A leur partement, tous les capitaines furent appelés au Divan et, selon la promesse qu'ils m'avoient toujours faite à ma persuasion, ils leur fut commandé dudit Divan, et défendu qu'ils se donnâssent garde de ne point faire de mal à aucun vaisseau Francois et qu'ils eussent à retourner les Francois qu'ils avoient sur leurs vaisseaux, sur peine de la vie, et quiconque feroit autrement, seroit châtié, qu'il serviroit d'exemple aux autres ; et ledit commandement du Divan fut publié par la ville et par les caravansérails ; cela démontre qu'ils ont la volonté bonne, et qu'ils ont envie d'obéir aux commandements du Grand Seigneur, et m'assure qu'ils feront une bonne paix avec vous ; car ils y sont tous portés et afin de vous faire savoir mon comportement, et ce que je puis avoir avancé, et aussi ces nouvelles ici, dont je m'assure que ne serez pas mal contents. Et pour ce que le vaisseau du capitaine Fort étoit dépêché pour s'en aller à Bône, j'ay prié le sieur Guérin de vouloir acheter une barque tout exprès pour vous faire savoir et mander ces bonnes nouvelles, afin que vous ne soyiez davantage en peine et sachiez la bonne volonté où est porté le Divan et aussi que ladite barque sera plus tôt à Marseille que ne le seroit le vaisseau. Je vous supplie avoir ledit achat pour agréable. Grâce à Dieu, les affaires sont en bon état de par deça, et si ce n'étoit qu'ils attendent leurs Députés, nous aurions la paix dès à cette heure, car ainsi l'ay-je reconnu. Je vous prie de vous tenir prêts et vos Députés aussi, afin que quand je vous manderay la lettre du Bacha avec celle du Divan, ils n'ayent autres choses à faire, sinon à leur embarquer ce qui est de besoin. Il n'est pas à propos que je vous le dise ni apprenne non plus ; seulement en ce pays ici, pour cinq sous ils feroient mourir leur père ; sont tâ-

(1) C'est le conseil qu'avait déjà donné M. de Vias dans plusieurs de ses lettres : les commerçants étaient trop portés à sacrifier la cause générale à leurs intérêts particuliers : on voit que Soliman s'en étai aperçu rapidement.

chés de tels vices que je vous ay dit ; qui a de l'argent fait tout ce qu'il veut, et principalement de par deça ; et surtout que vos Députés soient gens absents du négoce ; ce que prendrez pour avis de la part de votre affectionné ami et serviteur.

» Je vous prie de me vouloir obliger de mander pour habiller mes hommes soixante et trois pans de quelques bons draps, vert, brun, de bonne teinture et dix-huit de violet obscur pour faire des chausses, et que ce soit le plus tôt qu'il sera possible ; et ce faisant, m'obligerez de plus en plus à vous faire service.

» Messieurs, il est vray qu'ils ont fait telles défenses ; toutefois jusqu'à temps que leurs députés ne soient venus et que la paix soit faite, je vous conseille de ne vous y fier ; ce ne sont pas des hommes ; ils sont pires que des diables ; je n'en ai jamais vu de pareils ; car les pieds commandent à la tête ; enfin ce n'est qu'une confusion. Auquel vous devez répondre ; je prie à Dieu qu'il nous en donne bonne fin (1). »

Lettre du Divan d'Alger à MM. les Consuls et Gouverneurs de la ville de Marseille (2).

« Glorieux parmi les grands des Chrétiens choisis entre les principaux de la loi de Messie, dominateurs des différents du Peuple Nazaréen, Seigneurs de grandeurs et richesses, Gouverneurs des Francois, que leurs fins soient terminées en bien !

» Vous soit pour avis qu'avons vu la lettre qu'avez envoyé par un honorable homme ; arrivé ici, la lecture de votre dite lettre a été faite et entendu la teneur d'icelle, grâces à Dieu. Vous est à tous notoire comme par ci-devant, du temps d'Ossain Bassa, avions donné liberté sans argent à quatre vings esclaves et plus,

---

(1) Cette lettre est revêtue du sceau de Soliman. Trois autres lettres de lui, datées des mois d'avril et de juin 1623, ont trait aux mêmes affaires et ne contiennent rien de nouveau. On y remarquera avec intérêt le jugement qu'il porte sur les Algériens.

(2) Cette lettre existe en double dans les archives ; l'un des deux exemplaires est revêtu du sceau du pacha ; elle est adressée comme celle-ci, aux Consuls et Gouverneurs de Marseille.

de ceux qui étoient venus pour prendre le Bastion ensemble; leur chef pris vint ici en Alger, auquel lui fut fait honneur. Ensuite, de plus tard, pour l'honneur des jours prospères de notre magnanime et puissant Empereur, ledit capitaine avec les autres infidèles furent envoyés vers vous autres; et par ainsi, ayant de nous eu tant de caresses et faveurs, avoir sans aucunes fautes et coulpe tué ceux que nous vous avions envoyés, Caynan-Aga avec le Quija Rozan-Aga, ensemble au nombre de soixante ou septante musulmans tués aussi, ayant perpétré une aussi grande méchanceté, avoir causé et rompu la promesse et fay que sont en nos seigneurs Empereurs, ayant été cause de si grandes méchancetés et de plus votre Capitaine aux trois fanals avoit jetté des gens ici à nos Provinces, pris plusieurs Musulmans et fait esclaves, et de plus, rencontrant nos bertons et seyties (1), sans avoir égard à la bannière, leur courant dessus, les mettant à fond et à mort, et plusieurs faits esclaves, enfin n'ayant rien omis à faire tout ce que ait pu faire; nonobstant tout cela, nous n'aurions pas regardé ce qu'avoit fait. Votre consul, qui étoit ici, est mort de la contagion (2); et maintenant est venue votre lettre pour la paix, a été lue et avons vu ce que vous autres proposez. Puisque est votre volonté consulter et convenir tous ensemble que ce qui est passé soit passé, et si votre volonté est telle de faire paix, ordonnez un de vous capable homme et l'envoyez ici. Et s'il plaît à Dieu, en réponse sera faite paix; et paix à ceux qui suivent l'Unique.

» Traduit par moi, Interprète du Roy, à Marseille, ce vingt-cinq avril mil six cent vingt-trois.

» Signé : Honoré Suffin. »

Cependant M. Chaix était mort de la peste en 1623 et n'avait

---

(1) Bertons et Seyties, petits navires de l'époque (v. le *Dictionnaire maritime*, de Jall; on dit aussi Bretton et Saétie.

(2) Il est ici question de M. Chaix, qui disparaît en 1621, sans qu'on sache ce qu'il est devenu; il est donc mort de la peste, vers le commencement de 1623.

pas été remplacé officiellement. L'intérim du consulat fut rempli pendant quelque temps par MM. Thomassin et Fréjus, qui employèrent toute leur habileté pour amener le Divan à conclure la paix tant désirée. En 1625, le capitaine Sanson Napollon vint à Alger avec une commission royale, et commença dès lors à édifier les bases du traité qu'il devait conclure en 1628. Nous aurons l'occasion, dans une prochaine étude, de parler des négociations de cet envoyé, qui fut l'un des agents les plus habiles et les plus dévoués qu'ait jamais eus la France sur les côtes Barbaresques. Disons, dès maintenant, que ce fut lui qui mit un terme aux longues réclamations qu'avaient causées les canons de Dansa ; il les fit racheter au duc de Guise par le commerce de Marseille et les rapporta à Alger. Nous terminerons en donnant, comme pièce curieuse et inédite (1), la quittance délivrée à ce sujet à la ville de Marseille :

Quittance de trente mille livres payées par les Consuls de Marseille à Monseigneur le duc de Guise pour les Turcs d'Alger et deux canons tirés de sa galère, pour faciliter la paix avec le Divan d'Alger.

L'an mil six cent vingt-huit, le jour douzième du mois de septembre, après midi, fut présent en sa personne par devant moi, Notaire Royal de la ville de Marseille, soussigné, et témoins à la fin nommés ; Haut et puissant Prince, Messire Charles de Lorraine, duc de Guise, prince de Joinville, pair de France, Gouverneur et Lieutenant-général pour le Roy en Provence, Amiral des Mers de Levant. — Lequel, de son gré et franche volonté, a confessé avoir eu et recu en deniers comptants auparavant les présentes ; — De nobles et honorables personnes : Jean Darène, sieur de la Montaliane, Pierre Eyguisier, sieur Des Torres, écuyer, et Louis de Saint-Jacques, bourgeois, Consuls, Gouverneurs et protecteurs des franchises et libertés de ladite Ville, pré-

---

(1) Toutes les lettres que nous avons publiées dans cette étude étaient complètement inédites jusqu'à ce jour.

sents et stipulant pour ladite Ville et communauté avec moy dit, Notaire, la somme de trente mil livres tournois à l'occasion des Turcs qui étoient dans la galère de Son Excellence, et deux gros canons de fonte verte qu'il a fait consigner et délivrer au pouvoir desdits Sieurs Consuls suivant et conformément la volonté du Roy et arrêt sur ce donné, afin d'être conduits et délivrés au Bassa et Divan de la ville d'Argès pour faciliter le traité de paix fait entre les sujets de Sa Majesté et ladite ville d'Argès, négocié par le seigneur Sanson Napollon. Et, pour l'exécution d'icelui, a retiré lesdits Turcs et canons, conduit, mené sur ledit lieu avec son navire, parti depuis trois jours de ces îles; dont et de la somme de trente mil livres, s'en tenant, mon dit Seigneur bien content, payé et satisfait, en a quitté ladite communauté, sieurs Consuls et tous autres qu'il appartiendra, en sorte que jamais demande ne leur en sera faite. — Déclarant lesdits sieurs Consuls que ladite somme de trente mil livres par eux payées à Son Excellence procède, savoir: Douze mille livres délivrées par le sieur Jean de Rua, quatre mil livres du sieur Jean Burgues, trois mil six cent livres par les dames de Ste-Marie de cette ville; desquels les ont empruntées pour n'y avoir deniers à la bourse commune, et dix mil quatre cents livres des deniers recus du sieur Jean Mazerat, exacteur du droit du cottime (1), imposé sur les vaisseaux, polacres et barques entrant dans le port et hâvre de cette ville, pour subvenir aux frais faits et à faire dudit traité d'Argès et autres dépenses qu'il convient faire journellement pour le commerce; auquel Mazerat sont été faits plusieurs billets par lesdits sieurs Consuls qui demeurent de nulle valeur, par vertu des présentes qui lui serviront pour sa décharge entière de ladite somme de dix mille quatre cents livres; — et, pour l'observation de cette quittance, mon dit Seigneur à foy et parole de Prince oblige ses biens à toutes Cours, et l'a juré. — Fait et passé audit Marseille dans le logis de mon dit Seigneur,

(1) Le droit de cottime fut établi pour subvenir aux armements de la ville contre les corsaires; c'était un droit *ad valorem* sur la cargaison; sa quotité fut variable, et était déterminée par la Chambre de commerce elle-même.

en présence de M. Pierre Dugay, secrétaire ordinaire de la Chambre du Roy et de noble Lazarin de Servian, écuyer, originaire et habitant respectivement dans ladite Ville; témoins appelés et signés avec les parties, suivant l'ordonnance; de Guise, Darène, consul, Eyguisier, de Saint-Jacques, consul, Mazerat, Dugay, Lazarin de Servian, et moi Notaire Royal, soussigné. — Baldouyn, Notaire, ainsi signé à l'original.

FIN DE LA PREMIÈRE PARTIE.

ALGER. — TYPOGRAPHIE ADOLPHE JOURDAN

ALGER. — TYPOGRAPHIE ADOLPHE JOURDAN.

www.ingramcontent.com/pod-product-compliance
Ingram Content Group UK Ltd.
Pitfield, Milton Keynes, MK11 3LW, UK
UKHW020214200726
13856UKWH00004B/1395